Petra Schütt

HEILUNG in REIMEN

ES GIBT NICHTS GUTES . . .

außer, man tut es . . .

www.tredition.de

© November 2019 Petra Schütt
Umschlag, Illustration: Petra Schütt
Lektorat, Korrektorat: Petra Schütt

Verlag & Druck: tredition GmbH, Halenreie 40-44, 22359 Hamburg

ISBN
Paperback   ISBN 978-3-7497-3152-7
Hardcover   ISBN 978-3-7497-3153-4
e-Book   ISBN 978-3-7497-3154-1

Ich wünsche EUCH gelungene Schritte
einen guten Start in EURE Mitte.
Ich wünsche EUCH für diese Reise
viel Kraft und Mut, rein in die Scheis(s)e
um EUCH zu säubern und zu klären
ganz OHNE ANGST was zu entbehren.

Der Lohn, er steckt in jeder Zelle
Berührung trägt EUCH durch die Welle.
Und nach des Tunnels langer Fahrt
seid IHR ganz in der Gegenwart.

Ich wünsche EUCH Tiefe und Vertrauen
eine KLARE Sicht, um hinzuschauen.

Was ist denn eigentlich passiert?

In Sekunden von
KERNGESUND zu LEBENSGEFÄHRLICH ERKRANKT.

Am Abend, des 07.11.2008, um ca. 21:30 Uhr platzte
ein Aneurysma in meinem Gehirn, von dem ich gar
nicht wusste, dass ich es hatte.
Ich bekam rasende Kopfschmerzen und erbrach mich
in meiner ganzen Wohnung, allerdings erinnere ich
mich nicht daran. Meine letzte Erinnerung ist, ich
lag auf dem Boden, wollte aufstehen, aber es gelang
mir nur schwer. Es dauerte für mich eine halbe Ewigkeit,
bis ich meinen Kopf, der bis zu den Knien nach unten
hing, anheben konnte. Es fühlte sich wie Zeitlupe an.
Danach sind alle Seiten leer!
Meine Schwester wollte an diesem Abend etwas
bei mir abholen und das war meine Rettung, denn ich
war, nachdem ich Aspirin genommen hatte, ins Bett
gegangen und da wäre ich dann wohl auch eingeschlafen
und nicht wieder aufgewacht.

Sie rief, weil sie sah, dass es mir sehr schlecht ging,
und ich nicht mehr in der Lage war irgendwohin
zu gehen, die Feuerwehr.
Zwei Sanitäter der Feuerwehr kamen. Sie nahmen
meine Vitalwerte und da diese noch im Normalbereich
waren, riefen sie wegen meiner starken Kopfschmerzen
den Notarzt, ließen mich aber zu Hause, weil sie, wie
meine Schwester vermuteten, dass es sich um eine
Magen- und Darmgrippe handelte.
Der Notarzt kam in der Nacht, er hörte mich aus dem
Nachbarzimmer nur stöhnen, und seine Vermutung war
sofort, dass es sich um eine Hirnblutung handeln würde.
Ich wurde zur Diagnose ins Bundeswehrkrankenhaus
gebracht und dort wurde im MRT eine Hirnblutung
diagnostiziert.
Man brachte mich in ein anderes Krankenhaus.
Ich fiel in die Hände eines SEHR guten Chirurgen.
Die Einleitung eines sehr langen Heilungsweges hatte
begonnen. Ich war von dem Tag an fast 3 Monate
nicht zu Hause!

GLÜCK gehabt!

Was mag das bedeuten?

Glück gehabt!

Wie fühlt sich das an?

Ganz besonders dann

wenn man gar nicht fühlen kann!?

11/2009

Die Worte laufen durch mein Hirn

gebügelt und im schicken Zwirn

Sie kennen weder Start noch Ziel

sie springen hoch, als wär's ein Spiel

sie purzeln hier auf meiner Bühne

und kennen weder Schuld noch Sühne

sie wissen nicht an welchem Platz

sie stehen müssen in dem Satz

sie laufen her sie laufen hin

der Satz ist da, doch macht er Sinn?

Ich frag' euch draußen, ob ihr wisst

wo ENDE und wo ANFANG ist?

10/2010

An diesem Tag - heut' vor zwei Jahren
ist mir ein <u>UN</u>GLÜCK widerfahren.
Aus dem <u>UN</u> erwuchs das GLÜCK
es holt mich auf die Welt zurück.
Ich kann NICHT sagen: „Ich verstehe"
weil ich das Ende noch nicht sehe.
Ich kann NICHT sagen: „Ich verstehe NICHT"
ein Sog zog mich zurück ins Licht.
Es war sehr hell, ich war geblendet
ich war verletzt, doch NICHT verendet.

Der Tage Inhalt dann verschwand
ich fühlte NICHTS, das mich verband.
Ich irrte durch SEHR viele Räume
NICHTS war real, es waren Träume
zerhackt in winzig kleine Stücke
mein ICH verlor'n, wo war die Brücke?

11/2010

Die Worte haben sich ergossen

bis Tränen aus mir rausgeflossen!

Der Schmerz SEHR groß

ICH nackt und bloß!

Entsteig ICH meiner

S C H U T Z E S H Ü L L E

ist MEIN Geschenk

die L E E R E F Ü L L E !

07/2014

VERBUNDEN sein heißt: NICHT allein

das Minimum dafür sind zwei
ob ich nun groß bin - oder klein

VERBUNDEN bin ich wirklich FREI!

Wer frei ist, ohne sich zu (ver)binden
wird an sich KEINE Wurzeln finden.

VERBUNDEN sein
das gibt mir HALT

ein einziger Baum wird NIE

zum Wald!

09/2014

12

Leider, ich hab' NICHTS geschrieben

denn die Worte die mir blieben

hatten, doch - das weiß ich NIE

NULL Bezug zur Therapie.

Alles weiß, sogar die leere

Seite, die gern voller wäre.

Huch, was ist jetzt grad' geschehen

plötzlich kann ich die STILLE sehen.

Was sie mir zeigt, das weiß ich NIE

drum geh' ich jetzt zur Therapie.

10/2014

Eilig rasen meine Worte
durch den Raum, mit wenig Zeit
weinend wartet die Eskorte
das Gesagte halt sehr weit.

Worte, die durch Räume jagen
und sich dabei überschlagen
fordern mehr als einen Sinn
und, wer weiß wo ich dann bin.

Worte in den Raum zu hauchen
würde viel mehr Zeit verbrauchen
das wär' mehr als intensiv

dann folgt ANGST und all der Mief!

10/2014

14

Spinnen spinnen NIEMALS Worte
KEINE Lügen, alles wahr.
Was sie spinnen, das sind Orte
ihr zu Hause - WUNDERBAR!

Menschen spinnen OFT mit Worten
viele Lügen, wenig klar.
Ich vertraute vielen Worten
bis ich das Ergebnis sah!

11/2014

Mein Vertrauen fiel in Stücke
zeigt sich NICHT und bleibt ganz STILL.
Ich erforsche jede Brücke
weil ich's wiederfinden will.

Meine Liebe ging verloren
weil mein ICH ins NICHTS entflieht.
In der Dunkelheit erfroren
bis das Wunder doch geschieht.

Ich kann jeden Fels um schwimmen
stoß mich ab und sehe bald
dass ein LEUCHTEN und ein GLIMMEN
mir den Weg ins Leben zeigt.

11/2014

Wär' mein Herz bereit und offen
könnte ich auf ALLES hoffen.
LIEBE, FREUDE, ZWEISAMKEIT
ist mein Herz denn schon bereit?

Nein, ich dreh' mich auf 'ne Weise
rein und raus aus meinem Kreise.
Denn die ANGST vor dieser Nähe
ist sehr groß. Hör zu: ich flehe!

Ich will mich ganz nah bei Dir
spaltbreit öffne ich die Tür
meine Hand wird Dich berühren
mit Dir zusammen Grenzen spüren.

Neben Dir will ich erwachen
voller Freude LIEBE MACHEN!

11/2014

Ganz bestimmt, es wird sich lohnen

alle meine Emotionen

zu entheddern, zu entfilzen

und dann schau' ich nach den Pilzen

nach versteckten, unter Bäumen

nein, ich möchte nicht versäumen

mich zu binden

doch dazu muss ich DICH finden.

Ja, mein Herz macht sich bereit

fühlt sich heiter, fast befreit!

11/2014

Worte stolpern in den Gängen

halten fest an alten Zwängen

wollen gern wie Blumen sprießen

oder wie ein Bächlein fließen

doch die Kluft von HIER nach DA

ist sehr tief - die ANGST ganz nah.

ANGST davor, mich zu verzetteln

ANGST um Aufmerksamkeit zu betteln

die Gefahr ist HEUTE groß

und im Hals da steckt ein Kloß

spielt sich wie ein Wächter auf

läßt KEIN Wort den Abhang rauf!

Nur ein EINZIGES ist entwischt

dieses Wort heißt

ZUVERSICHT!

12/2014

Große Sorgen und Probleme
nichts, wofür ich mich jetzt schäme.
Ganz viel Nähe in Distanz
wie, wie halt ich die Balance?

Gerne möchte ich vertrauen
nicht nur auf Verluste schauen
dieses macht nur einen Sinn
wenn ich wirklich bei mir bin.

Nur mit mir kann ich erkennen
wohin die, die flüchten, rennen.
Lass ich mich mir selbst vertrauen
kann ich eine Brücke bauen.

Diese Brücke ist der Clou

im VERTRAUEN wächst das

DU!

01/2015

Wieder habe ich vertraut
diesmal auf eine Frau gebaut
diese hat mich JETZT verlassen
dafür könnte ich sie hassen.

Ja, ich habe einen Grund
doch der Hass ist NICHT gesund.
Deshalb werde ich entscheiden
lieber HIER, bei MIR, zu bleiben.

Denn wenn ich mich jetzt verlasse
und dem Hass den Vorrang lasse
werde ich im HIER verschwinden
und den Zugang NICHT mehr finden.

HASS zerstört und HASS verschließt

so, dass meistens NICHTS mehr fließt!

01/2015

Welche Lehre werd' ich ziehen
aus dem, was mir grad' geschah
werd' ich bleiben oder fliehen
werd' ich schwach sein - oder klar?

Ich schau' in das Haus der Rache
was ich seh' gefällt mir nicht
das ist gar nicht meine Sache
ich renn' fort - zurück ins Licht!

Und mein Blick schweift in die Ferne
seh' am Horizont den Schmerz
ja, er zöge mich sehr gerne
zu sich ran - das ist kein Scherz.

Nebendran die Aggressionen
zur Vernichtung aufgestellt
NEIN - das würde sich NICHT lohnen
wie ein Bumerang fliegen sie dann zurück
                ins EIGENE Feld.

Ich ließ all dies auf mich wirken
fand heraus, wohin's mich zieht
unter Bäumen, großen Birken
sah' ich ALLES, was geschieht.

Und mein Blick trifft die VERGEBUNG
ich fühl' WACHSTUM - fühl den Schrei
in mir spür' ich die BEWEGUNG
die mich trägt

        und ich bin FREI!

02/2015

Irgendwo sind IMMER Wege
meistens auch ein kleiner Steg
wenn ich mich aus mir bewege
ja, dann find' ich JEDEN Weg!

Ist es damit schon getan
einen Weg zu finden
mancher führt mich in den Wahn
und zu meinen Sünden.

Doch wenn ich dahinter schaue,
seh' ich, dass die ANGST versucht
        FREUDE zu verdecken
NUR, wenn ich mir selbst vertraue
werd' ich die FREUDE wecken.

Überall auf JEDEM Weg
liegen die Geschenke
manche werden NIE bewegt
weil ich zu viel

        DENKE!

02/2015

Eine LIEBESERKLÄRUNG OHNE Noten . . .

Freundlich trage ich die FREUDE

Auch zu DIR, in Dein Gebäude.

Aufmerksam hör' ich DIR zu

Wer heut' WICHTIG ist bist

DU!

ICH steh' am Fluß - ICH weine
ganz starr sind MEINE Beine
und auch MEIN Herz
fühlt einen Schmerz!

ICH steh' hier ganz alleine

ganz ungeliebt - ICH weine!!!

02/2015

Ich fühl mich wie im Kriegsgebiet
wo KEINER nach dem anderen sieht.
Ich sitze hinter einem Stein
bin auf der Hut - bin ganz allein.

Hier fliegen Pfeile, Speere, Messer
was kann ich tun, wie wird es besser?
Wodurch bin ich hier reingeraten
ich bleib geduldig - werde warten.

Ganz plötzlich werd' ich angegriffen
ich hatte selbst noch nicht begriffen
was mit und was in mir geschah
ich war verletzt - dem Tod ganz nah.

Ich falle um - was ist geschehen?
ich will nicht liegen, ich will stehen.
Mein Kopf, er hängt noch an den Knien
die Beine knicken - wollen fliehen.

Die Zeit vergeht - wird stark gerafft
hier ist mein DANK - ich hab's geschafft
mich aufzurichten - den Kopf zu heben

   der ERSTE Akt im

   NEUEN LEBEN!

03/2015

Die FREUDE ist mein Stern - mein Licht
und gäbe es die FREUDE NICHT
ich würde sie erfinden
denn OHNE FREUDE würde ich

in KURZER Zeit erblinden!

Hier geht's nicht um mein Augenlicht
es geht um TIEFES SEHEN.
Wenn meine Seele sich erbricht
dann will ich sie verstehen.

Die FREUDE ist ein Teil von mir
durch sie kann ich mich spüren
nein, OHNE SIE, wär ich NICHT HIER

SIE öffnet MIR die TÜREN!

05/2015

Die Quelle ist - VERSIEGT!?

Die Krankheit hat den SATZ besiegt

weil sie direkt am EINGANG liegt.

In mir kann ich jetzt gar nichts finden

KEIN Wort läßt sich an's andere binden.

SIE BILDEN SICH, DOCH NUR ALLEIN
    KEIN WORT KANN BEI DEM ANDEREN SEIN!

Heut' gibt es NUR ein Wortgedränge

MIR fehlen die Zusammenhänge

die Sätze, die den Sinn erklären

doch manchmal auch den Tag beschweren
sie bleiben aus, heut gibt's NUR Worte . . .

SIE BILDEN SICH, DOCH NUR ALLEIN
    KEIN WORT WILL BEI DEM ANDEREN SEIN!

05/2015

Ich jag' mein Leben vor mich her

es fällt mir schwer

mich auszuruhen

ich muss die ganze Zeit was tun.

Ich würd' so gerne einfach bleiben

mit NICHTS tun mir die Zeit vertreiben

mein Angesicht zur Ruhe neigen

vielleicht auch ein paar Worte

SCHWEIGEN!!!

06/2015

Ich frage mich, was ist MIR noch,
    nach alle dem geblieben?
Ich fühle mich, auch von mir selbst,
    an jedem Tag getrieben
muss alles was ich leben will,
    NEU in mein Leben schieben
ich brauch' es SEHR, doch weiß ich nicht,
    wie geht das mit
                dem LIEBEN?

Ich frage mich, was ist denn nur,
    mit und in mir geschehen?
Ich will doch nur, drum forsche ich,
    das, was geschah verstehen
Ich war zwar da, doch habe ich
    von all dem nichts gesehen
das muss ich mir, bei allem Drang,
    auch heute eingestehen!

Ich frage mich, wie soll ich jetzt,
    nach diesem Einbruch leben?
Was hab' ich noch, was kann ich noch,
    nach dem Dilemma geben?
Wie integrier' ich meinen Schmerz
    und die entstandene Schäden?

IN MEIN ALTES

NOCH GANZ FREMDES

UND DOCH NEUES LEBEN?

06/2015

Ist die LIEBE Teil des Lebens?
Ist sie DA und HIER?
Sie zu suchen ist vergebens
denn sie ist IN MIR!?

Ist die LIEBE nur Gefühl?
Oder ist sie MEHR?
Sie zu orten im Gewühl
fällt mir spürbar schwer!

Ist die LIEBE da - wo sie
NIE zu finden ist?
Ist ein IMMER wie ein NIE

       weil sie MICH vergisst?

06/2015

Ich fühle und lasse JEDES GEFÜHL
OHNE denken und werten
      gewähr' ihm ASYL!

Ich lerne sie kennen
und lasse sie sein
ich will sie bemerken
denn alle sind mein.

Wenn ich sie NICHT störe
und mich NICHT empöre
wenn ich bei mir bleibe
und mich NICHT mehr treibe.

Dann fühl' ich
      womöglich auch LIEBE!

06/2015

Ver A N T W O R T ung

Meine ANTWORT ist die FRAGE
denn ganz VIELES, das ich sage
dient dazu die Kraft zu binden
wo und wie werd' ich das finden
das mir hilft, mich zu versteh'n
OHNE drüber weg zu sehen.

Manchmal fühle ich die Zwänge
manchmal bin ich in der Enge.
Doch am Ende weiß ich dann
wie ich was, wann leben kann.

08/2015

Alle Brücken stürzten ein
ich steh' hier - ich bin ALLEIN!

ALLES, was verbunden war
liegt in Trümmern und ich sah
nirgendwo ein einziges Band!
ALLES fort - ich bin verbrannt!

Mein Vertrauen ist zerrissen
denn der TOD hat zugebissen!

NICHT nur DICH hat er verletzt!
MICH hat er ins AUS gehetzt!

08/2015

AUSGEBRANNTE kleine SEELE

Wovon würde ich erzählen

von den Dingen, die mich quälen

oder lieber von der Leere

von all dem, was ich entbehre?

Oder, dass die Explosionen

weder DICH, noch MICH verschonen!

Oder von den großen Sorgen

die da lauern, schon am Morgen!

08/2015

Wenn ich nur gesehen würde,
nähme ich die nächste Hürde.

NEIN - schreit es in meinem Innern
muss ich DICH erneut erinnern?

Nein, das Außen hilft DIR nicht
in DIR brennt DEIN eignes Licht.

Würdest DU DICH selber sehen
könnt' es mit der Hürde gehen.

MICH zu sehen ist die Kraft

die die HÜRDEN KLEINER macht!

09/2015

Ich war mutig - war besonnen
hab' (m)ein Leben NEU begonnen.
Wusste NICHTS von (m)einem Ende.
Ich war HIER, doch mir 'ne Fremde
denn MEIN Leben, das war fort
ich, war HIER, an einem Ort
wo ich gar nicht leben wollte
ich saß da - mit ANGST - ich schmollte.

Endlich sah ich einen Weg
er war schmal, so wie ein Steg.
All' meine Gefühle waren
aus mir raus, ins NICHTS gefahren.
Wie werd' ich sie wiederfinden
sie verstehend an mich binden?

Schritt für Schritt - mein NEUES LEBEN -
wird die

Antwort mir schon GEBEN!

09/2015

IMMER wieder - Wort für Wort
HIER, so wie an jedem Ort
wie sie zueinander finden
sich ganz fest zu Paaren binden
viel Gedränge und auch Schubsen
bringen mir die Worte Nutzen?
Oder ist das nur die Show
und gelebt wird anderswo?
Manche (WORTE) haben mich berührt
mich in mich hineingeführt.
Manche haben mich erschreckt
und den Kummer aufgedeckt.
Dieser steht jetzt HIER im Raum
ganz REAL - es ist KEIN Traum!
Ja, er zeigt mir meine Schmerzen

in der SEELE und im HERZEN!

09/2015

Heute will ich gar nichts schreiben
heute will ich einfach bleiben
doch schau her, was hier geschieht
wie ein Wort das nächste zieht.

LANGSAM öffnet sich die Pforte
flink entwischen diese Worte
plötzlich nehme ich den Stift
der auf diese Blätter trifft.

Drück' ich auf den runden Knopf
läuft die Tinte aus dem Topf.
Sie macht sichtbar - wie ihr seht
all das Volk vom BUCHSTABEET

Sie steh'n wartend an der Tür
schubsen sich und rufen: „HIER!"

09/2015

Worte sind NICHT einerlei!
Das Gesagte SCHWER wie Blei.
Regelmäßig wird's gebrochen
was mir gestern noch versprochen.

JETZT bleibt mir NUR noch das Handeln
um den Druck in mir zu wandeln.
Doch die ANGST hält mich umklammert
meine Seele weint und jammert.

Druck und Wut in Einigkeit
führ'n mich in die Einsamkeit
Dunkelheit - so schwarz, wie Blei

Worte sind JETZT einerlei?

10/2015

Wachsam steh' ich hier im Raum
denn, die ANGST hat zugehauen.
Woher ist sie nur gekommen?
Ich seh' alles - doch verschwommen.

Soll ich mich jetzt wegbewegen
oder auf den Boden legen?
Wird die ANGST mich weiter quälen
ich würd' gern die LIEBE wählen.

Doch die ANGST, sie bremst die LIEBE
stört den Frieden und die Triebe.
Wie kann ich der ANGST begegnen
wie den Weg zu ihr so ebnen
dass wir ENDLICH Freunde werden?

Viele kleine ANGSTSEKUNDEN
haben sich zur ANGST verbunden.
Würd's gelingen, sie zu trennen
könnt' ich einen Sieg das nennen.

11/2015

Frieden - oder nur ein Schweigen
wie wird meine ANGST sich zeigen?
Friedlich steht sie - ist ganz still
ob sie weiß, wohin ich will?

Ist die ANGST ein Teil von mir
oder ich ein Teil von ihr?
Plötzlich schreit es in der Stille
bleib hier steh'n, das ist mein Wille!

Heut' kann sie mich NICHT erschrecken
oder Panik in mir wecken!
Ich fühle heut' - ich bin IM LEBEN

NICHT im Zimmer gleich daneben!

11/2015

Ängstlich steht die ANGST bei mir
laut sein will sie - wie ein Tier.
Weil ich sie sonst nicht bemerke
schreit sie rum - zeigt ihre Stärke.

Ich horch auf - kann sie verstehen
da - jetzt fühlt sie sich gesehen.
Sie verstummt und sehr galant
reicht sie mir die KLEINE Hand.

Freundlich lächelt sie mich an
dass ich gar nicht anders kann
als sie freudvoll anzunehmen
jetzt würd' ich noch gern erwähnen:

ANGST ist NUR ein Teil von mir!

NEIN, ich bin KEIN Teil von ihr!

12/2015

Plötzlich bin ich abgetrieben
wie viel Zeit ist mir geblieben?
Da ich NICHTS von all dem ahnte
und mich niemand davor warnte
bin ich einfach mit geschwommen,
ich war da - doch ganz benommen.

Hab' den Hörer fest umklammert
Heidi in ihr Ohr gejammert
muss mich ständig übergeben
NICHTS ist klar - wo ist mein Leben?
Und mein Kopf tut mir so weh
irgendwas ist nicht ok . . .

Wenn ich heute daran denke
meinen Fokus darauf lenke
spür' ich tief in mir das Zucken

AUFGEPASST

ICH muss mich ducken!

12/2015

Mein Mann: . .wenn Du es bist, den ich SEHR will
wie mag ich DICH? SEI NICHT so still!
Komm' sprich mit mir und zeige DICH
wenn DU NUR schweigst, das will ich NICHT!

Ich mag es, wenn DU DICH gut kennst
und NICHT vor DIR von dannen rennst.
Ich will DICH fühlen - ganz, ganz NAH
bleib bitte ehrlich, und auch klar.

Ich brauche DEINE Lügen NICHT
was DU auch fühlst, hol' es ans Licht.
Ich nehm' DICH ernst, vertraue DIR
das brauch' ich auch von DIR zu MIR!

Sag' NICHTS, was DU NICHT WIRKLICH
meinst
spiel NICHT den Mond, weil DU NICHT
scheinst!

Ich fühle, sei DIR ganz gewiss
durch JEDE Lüge einen RISS!

01/2016

Es geht so sehr um MEIN Vertrauen
hab' ICH den Mut dahin zu schauen
wo dicke, schwarze Mauern steh'n?

und hinter diese Wand zu geh'n?

Ich weiß es, hinter dieser Schwärze
da brennt ein Licht - 'ne kleine Kerze.
Die Mauer fest - sie bricht nicht leicht
ich hoffe meine Kraft - sie reicht.

Der Sog, er wächst - jetzt umzukehren
doch: NEIN, ich bleibe, kann mich wehren.
Auch wenn die Tränen lautlos rollen
und alle Helfer in mir schmollen.

Auch wenn die ANGST mich heftig quält
und mir der Haltegriff oft fehlt.
Der Weg ist schwer - doch NICHT vergebens
er ist ein Teilchen MEINES Lebens.

VERTRAUEN kann, das weiß ich JETZT
NUR WACHSEN,

wo man's wachsen läßt!

01/2016

Um mich herum - in meinem All
da such' ICH nach dem Widerhall
denn OHNE ihn - das ist ganz klar
bin ICH gar nicht WIRKLICH da?

Stark fühle ICH die Diskrepanz
OHNE (D)EINE RESONANZ.
KEINE Worte - ALLES stumm
und ICH ganz tief im Vakuum.

Um mich herum ist's still und leer
nein, KEINE Hand - ICH brauch' sie SEHR.
ICH rufe laut - ich bin bereit
doch KEIN Echo weit und breit.

NUR IN MIR ein feines Schwingen
wird mir die Enthüllung bringen.
Ach, was soll der Affentanz

ICH geb' MIR SELBST die Resonanz!

02/2016

Wenig Zeit zur Innenschau
trotzdem fühl' ich ganz genau
wie die Zacken und die Kanten
die VERDECKTEN - die BEKANNTEN
sich verschieben oder neigen
wie sich NEUE Bilder zeigen.

Ich steh' hier - fremd in der Welt
und was MICH zusammenhält
kann mein Herz noch NICHT erkennen

MEINE Worte - NICHT

BENENNEN!

02/2016

Erschöpft sitz ich auf dieser Couch
hab' nicht mal Kraft zum Schreiben.
In mir das LAUTE, KLARE AUTSCH
zwingt mich zum SITZENBLEIBEN.

Der Weg verschüttet - NICHTS vertraut
mein ICH konfus und blöde.
Ich hab' zu lange zugeschaut
der Weg ist ENG und ÖDE!

In mir gibt's KEINE Regung mehr
und auch KEINE Gedanken.

Am Horizont, da rauscht das Meer
da will ICH hin - zum TANKEN!

04/2016

In den tiefen, dunklen Räumen
kocht der Sud zum Überschäumen
lautes Gurgeln und ein Zischen
ich sitz HIER, will Worte fischen!

SEHR, SEHR groß ist mein Verlangen
doch sie lassen sich NICHT fangen.
Ich versuch's mit ein paar Tricks
weit gefehlt, heut' wird das nix.

Alle Worte, die mich kennen
schau'n mich an und rennen
fort von mir, in eine Richtung

OHNE Sprache OHNE Dichtung!!!

04/2016

Ich fühle das, was jeder kennt
weil auch in mir ein Feuer brennt!
Heiße Glut schubst mich an Orte
manchmal find' ich KEINE Worte.
Große Mächte, die mich drücken
wollen mich ins Feuer rücken
noch kann ich mich sehr gut wehren
meistens kurz vor anderen Sphären.

Für Sekunden fast erdrückt
doch, dann ist es mir geglückt
MICH in MIR - an MICH zu binden
und damit den Halt zu finden.

Ich bleib' stehen, bleibe stur
folg' dann einer klaren Spur
und am Ende steh' ich sehr
aufgewühlt, doch klar am Meer.

Spüre deutlich, was geschieht
wenn das Meer das Feuer zieht.
Hier werd' ich Entspannung fühlen
und das Meer, es wird mich kühlen!

04/2016

Worte hab' ich NICHT geschrieben
die sind in Berlin geblieben.
Ich hab' ALLES nur gefühlt
meine Seele durchgespült.

Jeder Tag war intensiv
endlich frei vom Alltagsmief.
Ich war voller Energie
und so glücklich, wie fast NIE.

Mit der Ruhe tief verbunden
habe ich zu mir gefunden
und der Deich, er gab' mir Frieden
so bin ich bei mir geblieben!

(M)EINE Zukunft, welch ein Glück
kam dadurch zu mir zurück!

07/2016

Die Räume sind JETZT hell und klar
wo vorher dichter Nebel war.
Ich hab' die Zeit am Meer genutzt
hab' meine Seele freigeputzt!

Sie war ALLEIN auf sich gestellt
in einer abgeschirmten Welt.
Für MEINE Seele war es hart
sie rührt sich NICHT - ist ganz erstarrt.

Ich weiß genau, sie ist am Leben
erst fühl' ich NICHTS, kann ihr NICHTS geben.
Dann, als die Stille mich berührt
hab' ich ganz tief in mir gespürt

wie stark wir doch verbunden sind
gib' mir die Hand, mein Seelenkind!

07/2016

Ein Wolf ist da, um MICH zu schützen
ein Mann in SCHWARZ, er bringt das Licht
und der Vulkan wird bläulich blitzen
der Mann geht fort, doch OHNE Licht.

Ganz plötzlich brennt der Wald in ROT
die Bäume schrei'n - sie sind in NOT.
Ich schaue - ich erschrecke NICHT
der Wald ist fort - und frei die Sicht.

Da in der Mitte, tief im Feuer
ein gelber Topf - KEIN Ungeheuer.
Er kocht die Suppe und es zischt
und jedes Wort ist mir entwischt.

Der Wolf, er bleibt, er ist noch HIER
ein treuer Freund, ganz nah bei mir.
Zwar zeigt der Mann uns KEIN Gesicht
doch er ist gut, denn er bringt Licht.
Mein Freund der Wolf ging nie mehr fort
die Szene bleibt mir - Wort für Wort.
Er gibt mir Kraft und steht mir bei
das macht mir Mut und ich bin

09/2016   FREI

Der Schmerz, der Nachts mein Auge stört
ich bin viel mehr, als nur empört.
Jetzt ist es 3 Uhr in der Nacht
und wieder bin ich aufgewacht
denn der Schmerz hat übernommen
ich bin ihm leider NICHT entkommen.

Tief im Auge - AU, es sticht
öffnen, schließen, geht jetzt NICHT!
Ich steh auf - lauf hin und her
doch der Schmerz wird immer mehr.
Fühl' ein HÄMMERN und ein KLOPFEN
greife nach den Augentropfen.

Doch mein Auge, das ist dicht
ALLES schmerzt - besonders

L I C H T!

09/2016

54

Wer mag in MEINEM Auge wohnen?
Sein Schwert ist scharf und spitz und grün
sein Blick ist starr, doch trotzdem kühn
den, der MIR hilft, werd' ICH belohnen.

Wo vorher die Pupille war
ragt JETZT des Kraters TIEFE Spitze
was ist nur los, ICH seh' NICHT klar
denn MEINE Augen sind NUR

SCHLITZE!

10/2016

Wer bist DU - dort in meinem Auge
komm' raus und zeig mir Dein Gesicht.
Ich weiß, dass ich bald zu NICHTS mehr tauge
denn DU zerstörst mir meine Sicht.

Mein linkes Auge zuckt, es kracht
tief drinnen ist ein Krieg entfacht.
Mein rechtes Auge bleibt ganz still
auch, weil's dem linken helfen will.

Als mich der Finger links berührt
hab' ich SOFORT ganz stark gespürt
wie beide sich verbinden
das Kriegsgebiet, SOFORT zerstört

der Schmerz NICHT mehr

                              zu finden!

10/2016

56

Ganz weit weg ist meine Mitte
zwischen uns steht eine DRITTE
die mich jagt, und die mich treibt
sie hat mich schon ganz einverleibt.

Wer ist die, die mich NUR schubst
und mir sagt, dass es NICHTS nutzt
auf der faulen Haut zu liegen
warum muss sie meistens siegen?

Sie spricht LAUT: KOMM' NICHT ZUR RUHE!
Ich bin brav, denn was ich tue
ist ein RENNEN und ein SAUSEN
jeden Tag, fast OHNE Pausen!

10/2016

Nein, es ist noch NICHT so weit
ich bin HIER - ich habe Zeit
ein paar Sätze aufzuschreiben
kann gelassen bei mir bleiben.

Würde mich jetzt jemand fragen
wie's mir geht, was würd' ich sagen?
Ich fühl' mich, und das ist wahr
aufgeräumt und dadurch klar.

Ja, im AUSSEN läuft es gut
ich geh' aufrecht, habe Mut.
In mir fühl' ich lange Gänge
endlich Schluss mit dem Gedränge.

VIELE Sorgen sind verschwunden
ich hab' mich in mir gefunden.
Hab' mich endlich hingesetzt
mit der STILLE mich vernetzt!

Fühl' den Atem, warm und tief
eine Stimme, die mich rief
laut und deutlich ruft sie: KOMM
wenn's nicht geht, benutz das AUM!

Das hab' ich dann ausprobiert
hab' gespürt, wie's mich berührt.
Denn das AUM wird weit getragen
durch die Brust - hinab zum Magen.

11/2011

Viele Tausend - und mehr - Meilen -
NEIN, ich muss mich NICHT beeilen
wenn ich durch meinen Körper ziehe
bin ich entspannt, weil ich NICHT fliehe.

Atme ein und atme aus
fühl' mich wohl in MEINEM Haus.
KEINE Fragen muss ich lösen
weder Gute, noch die Bösen.

Bleib' ich an Gedanken haften
die es aus der Tiefe schafften
die mich zwingen, sie zu hören
meine Ruhe heftig stören . . .

Wenn ich hier NICHT weiter komm
tönt aus mir ein langes AUMMMM.
Meine Sinne tief berührt
wenn das AUMMMM in mir vibriert.

12/2016

Wörter fliegen - HIN und HER
manche fliegen sogar quer.
Will ich sie zum Satz vereinen
muss ich das Gesagte meinen
weil sich Wörter NUR dann fügen.

Mein ich's NICHT, dann sind's NUR Lügen.

Manche Sätze klingen gut
andere machen Anderen Mut.
Doch der Sinn von all den Wörtern
läßt sich NUR in MIR erörtern.
Rollen sie aus MEINEM Mund

    ist's ein WAHRER, tiefer Fund!

12/2016

Eine Antwort werd' ich kriegen
deutlich KLAR aus meinem Mund.
Keine ANGST wird mich besiegen
WORT für WORT - ein großer Fund.

ANGSTBESETZT war meine Seele
JEDE Nacht war eine Qual
aus der ANGST ich mich jetzt schäle
endlich seh' ich MEINE WAHL!

MEINE Türen sind jetzt offen
ganz viel Licht fällt in mich rein
habe mich in mir getroffen -
JETZT bin ich NICHT mehr allein!

Heute fühl' ich mein Vertrauen
es war lange eingesperrt.
JETZT kann ich die Brücken bauen
hab's mir lang' genug verwehrt.

Meine Liebe war entkommen
weil die ANGST mich stets belog.
JETZT hab ich mir Zeit genommen
die die KLARHEIT nach sich zog!

Fühle Hoffnung, die in mir
wächst und JEDER neue Trieb
lässt mich spüren, JETZT & HIER

ich bin ich und hab' mich lieb!

12/2016

Ich bin HIER, in mir zu Hause
fühl' mich wohl und tu' mir Gutes.
Meine ÄNGSTE haben Pause
ich bin wirklich frohen Mutes!

Jeden Abend meditieren
tut mir gut und läßt mich sehen
aufrecht - mal auf allen Vieren -
werd' ich durch die Räume gehen.

Vibrationen brechen Mauern
denn die Tunnel sind schon da
ja, mein AUMMMM läßt mich erschauern
was ich fühle - es ist wahr!

Und es bleibt mir auch erhalten
durch die Nacht, weil ICH es wag'
Keine ANGST wird MICH verwalten
NICHT des NACHTS und

NICHT am TAG!

01/2017

64

Was ich fühle, das ist meins
wenn ich fühle, bin ich eins!
Eine Frau von dieser Welt
die mir häufig auch gefällt.

Ja, weil ich mich um mich schere
mich vom Besseren belehre
denn NUR so find' ich's heraus
durch die Tür - ins EIGENE Haus.

Da sind Zimmer, viele Räume
dort sind Dinge und auch Träume.
Hier ist ALLES, was ich bin
Sogar LIEBE, schau' nur hin!

Bin ich ACHTSAM, fühl' ich sie

MEINE LEBENSENERGIE!

01/2017

Ich greife stumm nach Deiner Hand
zack, bin ich in einem Land
wo alle Flüsse rückwärts fließen
und sich auch Feinde freundlich grüßen.

Die Worte fließen - nach und nach
ich höre sie, denn ich bin wach.
Im Dunkeln kann ich sie NICHT seh'n
trotzdem kann ich sie gut versteh'n
denn zwischen uns sind Brücken da
von DIR zu MIR - WIR sind UNS nah.

Wenn Wörter über Brücken gehen
sind WIR verbunden und verstehen.
Wenn sie NUR an die Pfeiler schlagen
dann hören WIR ein lautes Klagen.

Wir sind verstört, wir wissen NICHT
wo ist der Schalter, wo das Licht?

OH NEIN, so soll mein Vers NICHT enden
ich werde ein paar Worte wenden.
ICH öffne meine Augen schnell

brauche KEINEN Schalter

ES IST HELL!!!!

01/2017

Meine ÄNGSTE werd' ich lichten
auch all die, aus tiefen Schichten
die den Schlaf mir oftmals rauben
sich in mir so sicher glauben.

Schicht um Schicht find' ich heraus
wer da wohnt, in MEINEM Haus.
Meine Filter sind JETZT offen
und das läßt mich wieder hoffen.

Auf 'ne Zeit in Harmonie
vorher gab es diese NIE.

NIE mit dieser ZUVERSICHT
NIE in diesem KLAREN Licht!

Heute werde ich es wagen -

Meiner ANGST: HAB' DANK!

zu sagen. . .

02/2017

Meine Seele fest gebunden
an den Schmerz, der sie verletzt.
Ruhe hat sie schwer gefunden
denn die ANGST hat sie gehetzt.

Und der Schreck hat sie erstarrt
den die Wucht des NAH-TODES brachte.
Sie hat ihn in sich verwahrt
bis ich auf den Weg mich machte.

Ich stand STARR am Wegesrand
wie ein Fels im NIEMANDSLAND.
Mein Vertrauen war verloren
die Gefühle eingefroren.

Ein Gefühl war mir geblieben
es war die ANGST, die mich getrieben
die mich aushöhlt, die mich traf
1000 Nächte OHNE Schlaf!

Doch ich hab' NICHT aufgegeben,
NICHT im TOD und
                    NICHT im LEBEN!

03/2017

69

Eine WARNUNG kam am Abend
doch ich hab' sie ignoriert
diese Wörter waren tragend
sind als Rudel einmarschiert.

Lass' sie reden rief mein Herz mir ganz leise zu
denn DU bist auf DEINEM Weg und was
DU tust, ja, das bist DU.

Lass DICH von der Ruhe heilen
spüre diese Energie
nein, DU musst DICH nicht beeilen
denn sie fließt so stark, wie NIE!

Lass sie reden, lass sie lästern
Ganz egal, DU kannst vertrauen
ihre Warnung ist von gestern
HEUTE kannst DU auf DICH bauen.

DEINE Liebe ist gewachsen
sie ist groß und sie gilt DIR.
Gleichgewicht auf allen Achsen
öffnet DICH und jede Tür.

Eine WARNUNG kam am Morgen
doch auch sie hat KEINE Chance
denn mit MIR und ein, zwei Sorgen
steh' ICH fest in der Balance.

Fühl' MEIN Lächeln auf den Lippen
fühle Freude - tief im Bauch.
Fühle Kraft in MEINEN Schritten
und die Liebe

                    fühl' ICH auch!

03/2017

Ich bin HIER und ich bin's NICHT
fällt das auf - fällt's ins Gewicht?
Ich bin KLEIN und ich bin GROSS
vor den Augen hängt ein Kloß.
Ich bin ARM und ich bin REICH
tu's den armen Leuten gleich
die es haben, die es sind
langsam und doch ganz geschwind.
Ich bin LIEBE, ich bin LICHT
wo ich bin, das weiß ich NICHT.
Ich bin AUSSEN, ich bin INNEN
spür' mich NEU mit allen SINNEN!
Fühl', wie ich mich selbst entführe
OHNE ANGST und OHNE SCHWÜRE.
Einfach die sein, die ich bin
ist für mich mein Lebenssinn.
Einfach sitzen, OHNE Hast
nimmt von mir die schwere Last!
AUFMERKSAM fühl' ich umher
nein, das fällt mir NICHT mehr schwer!
Nehm' den Weg in meine Hände
dieses ist noch NICHT

      MEIN ENDE!

03/2017

Der Zorn aus alten Tagen ist meilenweit entfernt.
Ich habe was zu sagen, der Kummer ist entkernt.
Die ANGST, die mich einst lähmte, verliert jetzt ihre Kraft.
Wofür ich mich oft schämte, ist aus dem Weg geschafft.

In mir ist eine Klarheit,
wie ich sie kaum erlebt.
Mein Herz, es ist ganz OFFEN
und meine Seele WEIT.

Ich brauche nicht mehr hoffen,
weil NICHTS mehr an mir klebt!
Mich für Etwas entscheiden
war eine Schwierigkeit
es lässt sich NICHT vermeiden
und JETZT bin ICH bereit.

Ich fühle mich VERBUNDEN
mit ALLEN und mit MIR.
Ich habe MICH gefunden
und dafür dank' ich DIR!

04/2017

Gestern wurde ich gefeiert
war ganz frei und NICHT verschleiert.
Freunde kommen - Freunde gehen
ich fühl' MICH, und auch gesehen.
Ich war froh und aufgeräumt
und ich habe NICHT versäumt
meine Freunde anzuschauen
FREUDE wuchs und mein VERTRAUEN
lebte auf in vollen Zügen
nein, da gab es KEINE Lügen.

UND AM ENDE, FEST UND WARM
    NIMMT MICH JEDER IN DEN ARM!

05/2017

Ich betrete jedes Zimmer
heut' erkenne ich den Schimmer
der MIR folgt und VOR MIR liegt
wieder eine ANGST besiegt.

Von der Küste in die Berge
NICHTS - außer 'ner Ziegenherde.
OHNE ANGST und OHNE REUE
steig' ich auf - gespannt auf's NEUE!

NICHTS erschreckt MICH - seh' NUR Fülle
KEINE ANGST, trotz LAUTER STILLE!
Schritt für Schritt geh' ich voran
an der Ecke dann zwei Mann.

Doch sie lassen mich in Ruh'
rufen freundlich ein JASSOU!
Ich bin froh und geh' vorbei
fühl' mich gut und stark und

FREI!

06/2017

JETZT steh' ich im Garten, JETZT seh' ich die FURCHT!
ich war INTENSIV und schon lang auf der Flucht
ich machte mich weg, sprang von Ort zu Ort
mein Vertrauen verschwunden - es war NUR ein Wort.

Ein Wort von den VIELEN, die ich NICHT verstand
ich spürte die FURCHT, das ENTSETZEN, die ANGST.
Ich ließ mich NICHT nieder, ich ließ mich NICHT ein
sie kommt IMMER wieder und ich bin allein!

Wie lern' ich VERTRAUEN, wie lern' ich VERSTEHEN?
Ich schließe die Augen und bald kann ich sehen.
Ich setze mich -STILL- auf ein Kissen im Raum
und was ich JETZT fühle -BIN ICH- ist KEIN Traum!

JETZT steh' ich im Garten, JETZT seh' ich die FRUCHT
atme ein - atme aus - fühle MICH - NICHT die FURCHT!

Habe ACHTSAM und STILL in MICH gelauscht
und dann schwungvoll und leicht
U und R vertauscht!

06/2017

GRENZENLOS im G R E N Z E N L A N D -
HIER bin ich - ich hab' erkannt
dass die Grenzen schützend wären
würde ich mich NICHT so wehren.

Jetzt liegt jedes Stück der Mauer
irgendwo - und auf der Lauer
weil sie NUR als Teile schwirren
und mich damit sehr verwirren.

Teile können mich NICHT schützen
und sie werden mir NICHT nützen
ich muss ALLES NEU verbinden
dann werd' ich den Schutz auch finden.

GRENZENLOS im G R E N Z E N L A N D

hab' die GRENZEN überrannt!

07/2017

Nein, ich fühle mich NICHT mehr

denn ich arbeite so sehr.

Jeden Tag, für viele Stunden

mein System läuft wie geschmiert

doch, ich fühl' NICHT, wenn mich friert

alles regeln, alles planen

wo das hinführt läßt sich ahnen.

meine Firma, ja, die wächst

aber meine Seele lechzt

sie fühlt sich NICHT wahrgenommen

alles ist NUR noch verschwommen

anfangs gab es mir den Kick

jetzt lieg ich erschöpft im Knick

kann mich kaum noch dran erinnern

wie es war, das weiche Schimmern

wie kann ich mich jetzt erreichen

denn ich gehe über Leichen

laß Gefühlen wenig Raum

wär jetzt gern ein Teil vom Baum

würde gerne drunter liegen

mich mit seinen Ästen wiegen

doch ich mach' das Gegenteil

               hack' sie ab, mit einem BEIL!

07/2017

78

Was mich quält, das ist der Schmerz
er ist STARK und OHNE Herz!

Schießt durch's Bein, die ganze Nacht
so war das NICHT ausgemacht
Fuß und Wade abgeschnitten
sie sind mit dem Rest zerstritten
denn sie werden NICHT versorgt
das ist doof - ich bin besorgt
habe Grenzen überschritten
jede Warnung abgeschnitten
bin gespannt, wie lang' das dauert
fühle mich wie eingemauert
nein, das ist noch nicht das Ende
und noch seh' ich KEINE Wende
ich mach' weiter, OHNE Kraft
Arme, Beine - ganz erschlafft
und obwohl ich's besser weiß
mach ich weiter mit dem Scheiß.

Was mich quält, das ist der Schmerz,
er ist STARK und OHNE Herz!

09/2017

Ich bin blockiert, NICHT nur beim Gehen
der Nerv gelähmt, ich muss VERSTEHEN
er braucht jetzt Zeit zum REGENERIEREN
es fällt mir schwer zu akzeptieren.

Würd' ich dem Nerv die Zeit JETZT geben
fehlt mir ein WICHTIGER Teil im Leben
der Teil, der mir die Stärke gibt
der Teil, der meine ANGST besiegt.

Mein Intellekt versteht genau
doch mein Gefühl bleibt trotzdem flau.
Wer hat die Macht - KOPF oder BAUCH?

ICH WEISS es

und ICH FÜHL' es auch!

10/2017

Bleib' ich mir treu, dann wird sie sprießen
die Kraft wird sich in mir ergießen
sie spült Blockaden einfach weg
und schiebt die ANGST aus dem Versteck!

Die wird sich sputen, denn sie fühlt
hier wird sie einfach weggespült.
Gefühle wagen sich hervor
sie wispern leise in mein Ohr:

„BLEIBST DU DIR TREU

                WIRD'S DIR GELINGEN!"
Die Worte werden aus dir singen
zwar NICHT als Lied, doch voll im Klang
DU kennst den Weg . . .

                . . . ja, HIER geht's lang!

Egal, wer gegenüber steht
weil jeder DIESEN Klang versteht.
Sie haben mir als Wort geschworen
sie ÖFFNEN ALLER HERZEN Ohren!

11/2017

Wieder hab' ich mich verlaufen
wollte NUR 'ne Zeitung kaufen
bin vom Wege abgekommen
schau' mich um, bin ganz benommen.

NEIN, hier ist mir NICHTS vertraut
wo hab' ich nur hingeschaut
als ich um die Ecke bog
was ich fühlte, war ein Sog.

Was ich brauche, gibt's HIER NICHT
alles dunkel - ohne Licht
habe meinen Weg verloren
dabei hatt' ich mir geschworen.

Das wird NIEMALS mehr geschehen
denn ich hatte eingesehen
jeder Weg ist DANN das Ziel
wenn ich mache was ich WILL!

Doch, ich lass mich wieder pressen
bin im Aussen wie besessen.
Der Erfolg gibt mir die Dröhnung
und dem Tag die zarte Tönung.

Hab' die Zeichen überrannt
ist MEIN ZIEL dadurch verbrannt?
NEIN, noch fühle ich das BEBEN

    in mir

        JEDE MENGE LEBEN!

11/2017

Ein Schritt in die Vergangenheit
hat mir gezeigt, ich bin soweit.
Ich schau mich um - ich sehe klar
dass das was ist, ist NICHT was war.

Ich fühle mich in mir getragen
und somit kann ich alles sagen
wer mich bewertet, ist egal
denn ich hab' IMMER eine Wahl.

Ob ich mich klein mach' oder nicht
ich seh' mich in 'nem anderen Licht.
Ich gebe, weil ich geben will
muss NICHTS dafür bekommen.
Ich nehme, weil ich nehmen will
ich lass mich NICHT entkommen.

Im Angesicht des Angesichts

erscheint wohl ALLES - oder NICHTS!

12/2017

TOD! Er ist ein Teil des LEBENS!
Ihn verdrängen, ist vergebens.
Jeder kann das anders sehen -
ich will forschen und verstehen.

Daraus sprießt die Leichtigkeit
die sich hin zum LEBEN neigt
die NICHT zweifelt - NICHTS verdrängt
dadurch alle ÄNGSTE sprengt
die mich hindern, wach zu leben
wie -STOP-NEIN-HIER NICHT-
                    an mir kleben.

DAS ist ALLES überwunden
denn ich habe mich gefunden
und der TOD steht neben mir
doch dazwischen ist die Tür

        die den TOD vom LEBEN trennt
        wenn man IHN beim NAMEN nennt!

02/2018

Unter ALLEM, allen Bauten, ruht ein FUNDAMENT
und das FUNDAMENT der Menschen ist,

                was man KINDHEIT nennt!

Doch im Gegensatz zu Bauten, ist die KONSISTENZ
offen porig und beweglich, ALLES fließt hinein
fügt sich ein und paßt sich an, an das EIGENE SEIN

                HIER ist NICHTS begrenzt.

Hier ruh'n ALLE Emotionen - mit einem GEGENÜBER
manchmal haut das Leben zu, dann sind sie hinüber!
HIER entsteh'n VERBINDUNGEN für das GANZE
Leben
die uns IMMER, wenn WIR'S brauchen

                ALLES WIEDERGEBEN.

      DOCH:

Wenn sie zerrissen sind durch einen HARTEN
Schlag (anfall)

           das, was MIR geschah -

dann ist ALLES ausgelöscht, dann ist

           NICHTS mehr da!

04/2018

Lange hab' ich NICHT gewartet
hab' MEIN Leben NEU gestartet!
Nachdem ICH 50 Jahre wurde
MEIN Weg blockiert, durch eine Hürde.

ICH nahm Anlauf und ICH sprang
doch ICH fiel hin - der Länge lang!
Lange hab' ICH NICHT gewartet
hab' MEIN Leben NEU gestartet!

Stieg auf MEINER Lebensleiter
an jedem Tag ein Stückchen weiter.

Jetzt bin ICH HIER, steh' auf der Brücke

geklebt sind die zerbrochenen Stücke!

05/2018

Heute dachte ich, ich bin OHNE Stift
dann fehlt er mir der WÖRTERLIFT
der, was durch den Kopf marschiert
auf den Zettel transportiert.

Ich habe einen LIFT gefunden
jetzt werd' ich meinen Kopf erkunden.
Werd' Wörter aus der Reihe zieh'n
auch, wenn sie rennen oder fliehen.

Doch OHNE einen WÖRTERLIFT
klar ausgedrückt, das ist der Stift
gelingt es NICHT sie festzuhalten
egal, wie laut sie in mir schallten.

05/2018

Was ist es, was MICH SEHR quält?

Es ist da zu JEDER Zeit!
Es ist IMMER schnell bereit!
Es kommt auch im stärksten STREIT!
Es ist DAS, was in mir SCHREIT!
Es trägt NIE dasselbe KLEID!
Es stiehlt mir die SCHÖNE Zeit!

Und wenn ich darüber WEINE
fühle ich, wie es in mir SCHREIT
fühle ich die EINSAMKEIT!
Heute will ich sie berühren
will sie fragen, was sie will.
Wenn ich sie jetzt so betrachte,
fällt mir auf, dass sie's NICHT ist
die mir Kummer machte
sie ist da, ganz OHNE List!

EINSAMKEIT ist nur die FLUCHT
was MICH quält ist die

S E H N S U C H T!

05/2018

89

Meine Seele ist entkommen
sie hatte sich was vorgenommen.
Was, hat sie mir NICHT gesagt
und ich hab' sie NICHT gefragt.

Sie ist wund seit vielen Tagen
wollte mir gewiß was sagen.
ICH hab' sie allein gelassen
deshalb hat sie MICH verlassen!

OHNE sie fühl' ich MICH dumpf
OHNE Sinn und darum stumpf!
Warum hab' ich das getan?
Nach dem Hoch folgte der Wahn?

Bin erstarrt und noch ganz klein
fühl' MICH hilflos und allein.

06/2018

KEINE Wörter wollen heute auf's Papier
sie stecken fest, ganz tief in mir.
Sie wirbeln rum, sind NICHT zu greifen
fühl'n sich gestört vom lustigen Pfeifen.

Sie laufen, wie in 'ner Parade
ich krieg sie NICHT, das ist SEHR schade.
So schau' ich heute einfach zu
Und lass den Wörtern ihre Ruh'!

JETZT steh'n sie still und schau'n MICH an.
Ihr Blick ist stark, ich fühl' den Bann.
Sie sind verwirrt, weil ich NICHT ziehe

HEUT' BIN ES ICH, DIE ICH
ENTFLIEHE

06/2018

Ich habe einen Stift, doch hab' ich kein Papier
und mein Therapeut, ist noch gar nicht hier.
Der Vorhang ist jetzt noch nicht auf
ich warte, und ich nehm' in kauf
dass ich zur falschen Stunde warte
setz' ALLES auf die eine Karte.

Doch dann kommt er hereinspaziert
nachdem der Summer laut vibriert.

08/2018

Ausgeliefert, oder NICHT
das ist hier die Frage
durch die Ritzen seh' ich LICHT
hör' die LAUTE Klage!

Wie ein Sog zieht's MICH hinein
doch ICH will NICHT mehr
möchte lieber mit mir sein
oder auch am Meer!

IMMER wieder diese Stimme
die MICH schubst und treibt
bis ich tief in ÄNGSTEN schwimme
und MIR NICHTS mehr bleibt.

KEINE Ruhe in der Sphäre
KEINE Einigkeit.
Was ich brauche und entbehre
kostet zu viel Zeit!

09/2018

ICH habe einen Sog gespürt
wer hat MICH da hineingeführt?
Da war KEINE TÜR, doch DIESE stand auf.
ICH gleite hinein nehme ALLES in kauf.

JETZT bin ICH ALLEIN!

ICH fühle die Lust, habe gar nicht gewusst
wohin es MICH zieht, NICHT, was MIR geschieht.
ICH spüre sie NICHT weder ANGST, noch den
KUMMER
ICH sehe das Licht, dann horche ICH auf und höre
den Summer.

ICH muss gleich zurück
oh NEIN, ICH will bleiben.
ICH schwimme im Glück
und lasse MICH treiben.

HIER fühl' ICH Vertrauen, In MIR, in der Ruh'
JETZT werde ICH schauen

WIE IST DAS IM

DU

09/2018

94

In mir tobt die GROSSE Not
ALLES wackelt, NICHTS im Lot.
Leider seh' ich KEINE Wahl
fühle NUR die große Qual.
Fühl' mich einsam und allein
und ich bin noch viel zu klein
um mein Leben so zu nehmen
OHNE mich nur noch zu sehnen
nach der Wärme DEINER Hand
nach dem, das mich einst verband
nach Gefühlen und nach Nähe
aber, wenn ich mich hier sehe
hab' ich NICHTS von diesen Dingen
KEINE Lieder mehr zum Singen.
Fühle Tränen und die Leere
und das DU, das ich entbehre!
Wenn ich tief in mir versinke,
fühl' ich, dass ich NICHT ertrinke
in dem Moder, dem Morast
in der Hektik und der Hast
denn dort hinten, NEIN, nicht HIER

öffnet sich 'ne KLEINE TÜR!

10/2018

Die Wörter sind im Wörtermeer
und NICHT in meinem Kopf
sie rennen heute kreuz und quer
ein paar sind auch am Tropf!

Ich reiße ALLE Türen auf
ich will die Wörter finden
ich nehm' sogar den Schmerz in kauf
um sie zum Satz zu binden.

Doch heute ist KEIN Wort mehr da
NUR BUCHSTABENSALAT
die Wörter, die ich vorher sah
sind hinterm STACHELDRAHT.

01/2019

Abgehängt von einer Welt
in der auch PRIVATES zählt
habe ich vor vielen Wochen
wieder meinen Schwur gebrochen.

Rase Tag für Tag auf's NEUE
geb' den Kunden meine Treue
gebe ihnen mehr als MICH
und verloren geht mein ICH.

Ich spür's täglich, und zwar stark
meine Welt wird grau und karg.
Meine Kräfte, sie verschwinden
bald werd' ich sie nicht mehr finden.

Nur die Frau, die IMMER rennt
und die nichts PRIVATES kennt
DIE GEFÜHLE auszuleben
fällt mir schwer im
NEUEN LEBEN!

01/2019

Verträumt schau ICH
ICH sehe DICH!
Doch wer DU bist, das weiß ICH nicht!

MIR ist ganz dunkel hier zumute
und darin sehe ICH das Gute!
Denn in der tiefsten Dunkelheit
wünsch' ICH MIR einen Weg zu ZWEIT!

Verirrt bin ICH und ganz benommen
privat bin ICH noch SEHR verschwommen.
ICH hab' geträumt von einer Sphäre
in der ICH ab und an gern wäre.

Da sind die Brücken fest und eben
und es gibt jede Menge Leben.

VERBUNDEN in VERBUNDENHEIT

zu dritt - zu viert und auch zu ZWEIT!

01/2019

Ich nehme einfach DEINE Hand
und zieh' DICH fort, ins Niemandsland
da gibt es NICHTS mehr, was uns trennt
es spielt nur eine Musikband.

Ich nehme DICH einfach mit mir fort
an einen ganz geheimen Ort
dort, wo der Feuervogel singt
und unser Herz vor Freude springt.

Ich fühle DICH mit allen Sinnen
ich fühl' DICH draußen, fühl' DICH drinnen.

Ich wache auf und rufe: „HALT!"
Mein Herz es stockt und mir ist kalt!

01/2019

Atme ein und atme aus
fühl' mich wohl in MEINEM Haus!

Fühl' den Atem, wie er fließt
meine Seele, die genießt
weil sie NUR den Atem spürt
der sie durch den Körper führt.
Die Gedanken würden gern
mit dabei sein, halt sie fern.

Atme ein und atme aus
fühl' mich wohl in MEINEM Haus.

Was mich quält, bleibt außen vor
hinterm Atem schließt das Tor.
In mir öffne ich Tür für Tür
jetzt geht's NUR um MEIN Gespür
nur um das, was ich JETZT fühle!

In des Körpers Labyrinth
Wörter JETZT NICHT WICHTIG sind!

Atme aus und atme ein
ich bin RICHTIG - NICHT ALLEIN!

OHNE Wörter und Gedanken
kann ICH KRAFT und HOFFNUNG tanken.

Atme aus und atme ein

FÜHLE LIEBE

LASS' SIE REIN!

02/2019

VERBUNDENHEIT - sie war einst da
ICH fühlte mich schon manchmal nah.
Vertraute rücken in die Ferne
ICH wünsch' mir sehr, DU hast mich gerne.

Doch was ICH seh', sind HOHE Mauern
und Wesen, die dahinter kauern
die mich täuschen OHNE Scham
wo ist der Sinn?
                              MICH legt es lahm!

MEIN Herz verkrampft, es schlägt wie doll
weiß GAR NICHT was ICH HIER noch soll.
Vertrauen schleicht sich aus dem Raum
ICH bin verstört, man sieht es kaum.

VERBUNDENHEIT zu MIR, sie bleibt
ICH fühle MICH MIR zugeneigt.
Obwohl mein ICH sehr häufig zittert
steh' ICH zu MIR, bin NICHT verbittert!

Unerreichbar scheint die Nähe
weil ICH sie wohl NICHT verstehe
wenn ICH MICH an Menschen binde
bei denen ich sie GAR NICHT finde.

Von diesen Menschen ICH JETZT weiche
begeb' MICH besser unter GLEICHE.

02/2019

Täglich spür' ICH's auf dem Kissen
es geht um MICH und NICHT um Wissen
mal ist MIR heiß, mal ist MIR kühl
es geht um MICH, um MEIN Gefühl.

Will MICH erforschen, MICH versteh'n
dann werd' ICH auch die ANDEREN seh'n.
ICH seh' unendlich viele Türen
hab' KEINE ANGST MICH reinzuführen.

Gedanken kommen, stehen Schlange
MEIN Atem hält MICH bei der Stange
er läßt sie Wort für Wort zerplatzen
so manchen hör' ICH lauthals schmatzen
doch OHNE Chance MICH zu verführen
ICH will im HIER und JETZT MICH spüren.

Bin ICH am Ende angekommen
sind die Gedanken ganz verschwommen.
Sie haben ihre Kraft verloren

ICH fühl' MICH frei, wie NEUGEBOREN!

03/2019

Mal geht's um die VERGANGENHEIT
ist sie auch fort, sie macht sich breit.
Wir geben ihr 'ne Menge Zeit
und schüren damit unser Leid!

Mal geht's um das, was vor uns liegt
das jede/r was er/sie will auch kriegt.
Die ZUKUNFT, die sich an uns schmiegt
tut uns NICHT gut, weil sie NIE siegt.

Zu selten geht es um das JETZT
zu oft sind wir total vernetzt
mit dem was kommt, mit dem was war
die GEGENWART ist dann NICHT DA!

ICH setz' MICH hin und spüre MICH

VERFÜHRUNG liegt im eigenen ICH!

03/2019

Leider hab' ich NICHT viel Zeit
um was aufzuschreiben
dabei bin ich so bereit
würd' gern länger bleiben.

Hab' Gefühle aufgespürt
die mich in eine Zeit geführt
als ich 17 Jahre war
und mein Leben anders sah.

Ich war frech im Vordergrund
hatte einen losen Mund.
Machte es nicht Vielen recht
das war Show, nicht wirklich echt.

Habe nicht an mich geglaubt
den Gefühlen nicht getraut.
Nachzuspüren, wer ich bin
kam mir gar nicht in den Sinn.

Heute werde ich es wagen
ihn nach dem, was war zu fragen
und er hat gleich zugegeben
dass er oft ein Arschloch war
er sieht ein, das war daneben
damals war es ihm NICHT klar.

Er hat MEINE Hand genommen
als er um VERZEIHUNG bat.
Nein, er wollte NICHT entkommen
und bereute jede Tat.
Damit hat er MICH tief berührt
ALTE Wunden repariert.

ALTE Wunden können heilen
wenn wir das, was war, auch teilen.
ALTER Schmerz, er wird verschwinden
wenn wir ÄNGSTE überwinden.

04/2019

Das ist es nicht, was ich wollte
dass der Teil, der in mir schmollte
mich so heftig an sich bindet
und dann keinen Ausweg findet.

ALLES in MIR schreit im Heer
MEINE Sehnsucht schweigt NICHT mehr
war versteckt in MIR ganz tief
wo sie Jahr um Jahr fest schlief.

Hab' sie selber aufgeweckt
nicht gewußt, was in ihr steckt
wir sind NICHT in Harmonie
und sie fordert, wie noch NIE,
Dass ich sie JETZT integriere
NICHT mit Essen kompensiere.

Doch, wie kann MIR das gelingen
wie bring ICH die Kraft zum Schwingen
die MICH fordert hinzuschauen
auch Gefühlen zu vertrauen.

Gerne würde ICH das leben
MIR noch eine Chance geben.
Doch ich mach' das Gegenteil

laufe weg, auf einem Seil!

04/2019

PETRA SCHÜTT, geboren 1958 in Eutin, ist Erzieherin

und studierte Sozialpädagogik in Berlin an der Alice-Salomon Fachhochschule.

Seit 2006 ist sie Inhaberin einer Reinigungsfirma für private Haushalte.

Petra Schütt lebt in Berlin.

Wenn sich MEIN ICH als GANZES zeigt

dann geht die ANGST, oh ja, sie schweigt!

Ein ganzes ICH, das ist das Tolle

hat auch über die ANGST Kontrolle.

Mein ganzes ICH war ganz zerrissen

da hat die ANGST sich festgebissen.

Doch hat MEIN ICH dies überwunden

und jetzt zu sich zurückgefunden.

FREUNDE machen FREUNDEN FREUDE

das war gestern - das ist heute

FREUNDE wollen sich umsorgen

so ist's heute - und auch morgen!

FREUNDE helfen FREUNDEN immer

manchmal auch im Krankenzimmer!

FREUNDE schreiben, rufen an

immer, wenn ich's brauchte, dann

waren FREUNDE für mich da

DANKE !!! das war WUNDERBAR !!!

Zeitfracht Medien GmbH
Ferdinand-Jühlke-Straße 7
99095 Erfurt, Deutschland
produktsicherheit@kolibri360.de